EXPLICATION

DE LA LOI DU 23 OCTOBRE 1884

SUR LES

VENTES JUDICIAIRES D'IMMEUBLES

COMPRENANT

L'INSTRUCTION DE LA RÉGIE

Du 3 Décembre 1884

PAR

FÉLIX BONNET

DOCTEUR EN DROIT

AVOCAT AU CONSEIL D'ÉTAT ET A LA COUR DE CASSATION

Rédacteur en chef du *Journal du Notariat*

PARIS

ADMINISTRATION DU JOURNAL DES NOTAIRES

52, RUE DES SAINTS-PÈRES

ADMINISTRATION DU JOURNAL DU NOTARIAT

19, RUE DE LILLE

1885

EXPLICATION
DE LA LOI DU 23 OCTOBRE 1884
SUR LES
VENTES JUDICIAIRES D'IMMEUBLES

Après bien des projets et des travaux qui remontent à plus de quarante ans, et qui ont été, en dernier lieu, livrés pendant plus de huit années aux délibérations des Chambres, la loi sur les ventes d'immeubles vient enfin d'être votée; elle a été promulguée le 25 octobre 1884.

L'œuvre du législateur répond-elle à tout ce qu'on en pouvait attendre? Non assurément.

D'une part, les résistances obstinées du fisc auquel il est toujours difficile et plus difficile que jamais en ce moment de disputer une part de son butin; de l'autre, une crainte exagérée de toucher aux articles du Code de procédure civile, à ceux-là même qui ne tiennent pas aux règles fondamentales du droit; enfin la difficulté qu'on éprouve à déraciner un abus depuis longtemps existant: tout a ralenti le zèle du législateur, et restreint, de jour en jour, le plan qu'il s'était d'abord tracé. Il n'est pas dans notre intention de dire, ici, ce qu'il aurait pu, ce qu'il aurait dû faire: d'autres l'ont dit avant nous et il serait superflu de reproduire des doléances devenues aujourd'hui inutiles (1). Contentons-nous donc de dire ce que le législateur a fait, de définir l'objet de la loi, et d'expliquer aussi clairement que possible les prescriptions nouvelles qu'elle contient.

Tout d'abord il faut remarquer que la loi est intitulée : *Loi sur les ventes judiciaires d'immeubles*; elle ne regarde donc que les ventes faites par autorité de justice, et non les ventes volontaires.

En second lieu, elle n'a pour objet que le dégrèvement des frais faits pour parvenir à l'adjudication et elle ne parle pas des frais postérieurs à l'adjudication. Il avait, d'ailleurs, été décidé, par la Chambre des députés, avant que la loi ne fût renvoyée au Sé-

(1) Nous ne pouvons mieux faire que de nous en référer, sur ce point, au remarquable rapport présenté au Sénat par M. Marcel Barthe (séance du 22 décembre 1883, *J. Off.*, Doc. parl., janv. 1884, p. 1198). Ce travail fait merveilleusement ressortir les vices du projet de loi présenté par la Commission, dans le sein de laquelle le rapporteur se trouvait en minorité; il met en regard de ces inconvénients les avantages du seul système qui nous paraisse juste et équitable : le système de la proportionnalité de l'impôt.

Voir aussi les travaux importants du Comité des Notaires sur toutes ces questions (*J. du Not.*, n°s des 23 mars 1881, 2, 13 et 16 septembre 1882, 21, 24 et 28 mars, 7 et 11 avril 1883), auxquels nous avons donné, depuis longtemps, notre entière adhésion.

nat, que les frais antérieurs à l'adjudication seraient désormais stipulés payable sen déduction du prix ; ce qui, avait-on dit justement, « faisait cesser au regard de l'adjudicataire toute différence entre une vente amiable et une vente judiciaire, puisqu'il n'aurait plus à faire entrer dans ses calculs le chiffre des frais antérieurs à l'adjudication; mais seulement ceux postérieurs, qui sont généralement proportionnels aux prix (1) ». Cette disposition adoptée par la Commission du Sénat a disparu lors de la discussion publique qui a eu lieu dans cette Assemblée, sans que jamais personne ait jamais expliqué cette suppression,

Les frais antérieurs à l'adjudication demeurent donc comme les frais postérieurs, payables par l'adjudicataire en sus du prix; rappelons, à ce sujet, que, d'après la jurisprudence, l'adjudicataire n'est jamais lié par une clause du cahier des charges l'obligeant à payer tant pour cent pour les frais d'adjudication, et qu'il n'abdique pas par cette clause le droit de réclamer la taxe de ces frais (Cass., 7 déc. 1847, Sir., 1848.1.129. — Cass., 22 août 1883, Sir., 1883.1.449). L'adjudicataire devra donc rembourser aux agents de la loi, conformément à la taxe, tous les frais que ceux-ci auront déboursés, lors même que ces frais leur seraient ensuite restitués par le Trésor. Cette restitution devra profiter seulement au vendeur ou à ses créanciers; l'adjudicataire n'a pas à s'en prévaloir (2).

Troisième observation. — La loi ne s'applique qu'aux ventes judiciaires d'immeubles dont le prix principal ne dépasse pas 2,000 fr. Nous verrons, en expliquant l'art. 3, qu'il s'agit ici du prix brut de l'adjudication en y comprenant les droits dus au Trésor et non pas du prix net de tous droits.

Quatrième observation. — La loi oblige le Trésor à restituer, moyennant les formalités indiquées dans l'art. 4, tous les droits qu'il aura perçus pour les adjudications dont le prix calculé, comme il vient d'être dit, ne dépasse pas 2,000 fr. Elle oblige les agents de la loi à subir la réduction d'un quart de leurs émoluments pour toutes les ventes dont le prix, calculé de même, ne dépasse pas 1,000 fr.

Pourquoi avoir choisi ce chiffre de 2,000 fr. plutôt qu'un autre? Parce que, aux yeux du législateur, ce chiffre de 2,000 francs représente la valeur de ce qu'on appelle la petite propriété, et correspond au quart des ventes judiciaires. Il est intéressant de relire, à cet égard, les déclarations consignées dans l'Exposé des motifs du projet de loi présenté par le Gouvernement, le 26 novembre 1881, dans le Rapport présenté à la Chambre des députés et dans le Rapport présenté au Sénat.

« Les ventes judiciaires d'immeubles, dit d'abord l'Exposé des motifs, donnent lieu à des formalités qui entraînent des frais relativement peu considérables pour les immeubles d'une certaine valeur, mais écrasants pour les petites propriétés. Il ré-

(1) Deuxième Rapport de M. Rameau, 16 mars 1882 (*J. du Not.*, 5 avril 1882.
(2) Deuxième Rapport de M. Rameau (16 mars 1882).

sulte des statistiques publiées annuellement par le Ministère de la justice que, lorsque le prix d'adjudication est inférieur à 500 fr., les frais s'élèvent à 125 p. 100 de ce prix. Si le montant de l'adjudication est supérieur à 500 fr. et n'excède pas 1,000 fr., la proportion des frais, relativement au prix, est de 50 p. 100; au-dessus de 1,000 fr. et jusqu'à 2,000 fr., cette proportion est encore de 25 p. 100.

« La situation que révèlent ces statistiques, appelle un remède immédiat. Dans un pays comme le nôtre, où la propriété est très divisée, l'intérêt public, aussi bien que la justice, exige que les petits patrimoines soient protégés contre une exagération des frais judiciaires qui équivaut pour eux à une véritable ruine. »

« Les tableaux statistiques qui accompagnent le compte général de l'administration de la justice civile et commerciale, dit d'autre part le rapport de la commission de la Chambre des députés, permettent de se rendre compte du nombre et de l'importance des ventes judiciaires, du chiffre actuel des frais judiciaires qu'elles supportent, et de la limite à laquelle doit s'arrêter ce que l'on nomme la petite propriété appelée à profiter du bénéfice de la nouvelle loi.

» Le dernier compte général concerne l'année 1879, et c'est lui qui nous a fourni les documents dont nous allons parler, en ajoutant que ceux des années antérieures changent peu les résultats.

» Les ventes judiciaires se sont élevées au total de 21,736, dont 5,586 de 500 fr. et moins, à 2,000 fr. représentant plus que le quart.

» Suivant ces statistiques et dans l'état actuel, les ventes de 500 fr. et moins (au nombre de 1239) supporteraient 157 p. 100 de frais judiciaires; celles de 501 à 1,000 fr. (au nombre de 1543), ne supporteraient que 58 p. 100; enfin, celles de 1,001 à 2,000 fr. (au nombre de 2804) ne supporteraient que 30 p. 100; or, si l'on dépasse ce chiffre et que l'on arrive aux ventes de 2,001 à 5,000 fr. (au nombre de 5586), l'on ne trouve plus que 16 p. 100, lequel chiffre va toujours en diminuant, jusqu'à 2 p. 100, lorsqu'il s'agit de ventes dépassant 10,000 fr.

» La pensée de la loi étant d'obtenir le dégrèvement de l'impôt judiciaire, pour la petite propriété, en matière de ventes judiciaires d'immeubles, mais non pas de dégrever d'ores et déjà la propriété qui peut supporter cet impôt, l'on voit de suite que la coupure était indiquée par ce chiffre de 2,000 fr., puisqu'au delà, dans l'état actuel de la procédure, la proportion de l'impôt judicaire ne représentait plus que 16 p. 100 de la valeur de la propriété vendue; et qu'enfin, un droit alloué par la loi de 1841 et que l'on appelle « la remise proportionnelle » ne s'applique qu'aux immeubles de plus de 2,000 fr.

» Si l'on veut résumer par des chiffres le dégrèvement qui résultera du projet de loi pour la petite propriété, l'on arrive aux résultats suivants :

» D'après la Commission, les frais d'une saisie immobilière (procédure la plus coûteuse) s'élèvent, dans l'état actuel de la procédure, à 321 fr. 40 c., en chiffres ronds 320 fr., lesquels représentent, pour un immeuble de 1,000 fr., une charge de 32 p. 100.

» Le mode nouveau le réduit à 12 ou 13 p. 100, savoir :

» Frais, supposés taxés à.	320 fr.
» A déduire, les droits du Trésor.	125
« Reste.	195 fr.
» Réduction d'un quart sur les droits des agents de la loi.	42
« Reste.	153 fr.
» Réduction d'environ moitié sur les impressions et insertions (simple déboursé pour les agents). . .	27
« Résumé total.	126 fr.

c'est-à-dire 12 fr. 60 p. 100 du prix principal. »

Les calculs faits par le rapporteur de la Chambre des députés ne s'appliquent, comme on le voit, qu'au cas où l'adjudication atteint le prix de 1,000 fr. Aussi demandent-ils à être complétés par les observations suivantes qu'a présentées à leur sujet M. le rapporteur de la Commission du Sénat :

« Je veux admettre, dit-il, l'exactitude du taux de 12 p. 100 pour une adjudication de 1,000 fr.; le même taux n'existera plus pour une adjudication d'un prix inférieur.

» En effet, les frais pour réaliser en justice la vente d'un immeuble de 100 fr. sont les mêmes que pour réaliser la vente d'un immeuble de 1,000 fr. Or, en voici les conséquences :

» Le taux des frais pour la vente d'un immeuble adjugé pour 100 fr., sera, toutes déductions opérées, par 100 fr. du prix, de 126 francs.

» Pour la vente d'un immeuble adjugé pour 200 fr. par 100 fr. du prix, de 63 francs.

» Pour la vente d'un immeuble adjugé pour 300 fr. par 100 fr. du prix, de 42 francs.

» Pour la vente d'un immeuble adjugé pour 400 fr. par 100 fr. du prix, de 31 fr. 50.

» Le tant pour 100 diminue ainsi progressivement à mesure que le prix d'une adjudication s'élève; en poursuivant les calculs jusqu'à 1,000 fr., on trouve que, pour une adjudication de 1,000 fr., seule valeur à laquelle l'honorable rapporteur de la Commission de la Chambre s'est arrêté, le taux des frais ne serait plus par 100 fr. du prix, que de 12 fr. 60. »

Quant à la fixation de ce chiffre de 2,000 fr., comme prix en deçà duquel la restitution des droits payés au Trésor devait seulement avoir lieu, elle est sévèrement critiquée par M. Marcel Barthe dans son rapport au Sénat :

« Sans doute, dit-il, toutes les fois qu'il y a une coupure dans une progression de droits à payer, il existe une différence sen sible en deçà et au delà de la somme adoptée pour marquer la coupure.

» C'est là un vice inhérent à tout impôt progressif, vice qui, à mon avis, empêche tout impôt progressif d'être équitable. Je ne sache pas, néanmoins, que dans aucune des matières ou des impôts progressifs ont été établis, l'augmentation qui sépare la somme inférieure de la somme supérieure à la coupure, soit aussi considérable que celle qui résulte du projet de loi qui nous est soumis.

» Pour ce qui concerne le Trésor public, la différence des droits entre une adjudication de 1,000 fr. et une adjudication de 1,001 fr. serait de 146 fr. 50.

» Pour ce qui concerne les droits du Trésor et les droits des agents de la loi réunis, la différence entre une adjudication de 2,000 fr. et une adjudication de 2,001 fr. serait de 314 fr. 83, dont 146 fr. envers le Trésor et 168 fr. envers les officiers ministériels pour les trois quarts de leurs émoluments. Des différences si considérables entre des inégalités de valeur insignifiante choquent le bon sens et ne peuvent pas satisfaire la conscience. »

Ces critiques sont, à notre sens, parfaitement justifiées. Il suffit, pour s'en convaincre, de se reporter au projet de décret préparé sur la matière, par le conseil d'Etat en 1867, projet qui étend aux adjudications de 3,000 fr. la remise d'une partie du prix. (C'est ce qu'a rappelé le comité des notaires dans sa note adressée aux Chambres, *J. du Not.* du 7 avril 1883).

Mais encore une fois si nous avons reproduit ici l'attaque et la défense de la loi, dans les termes mêmes où elles ont été présentées devant les deux Chambres par les rapporteurs eux-mêmes, ce n'est pas pour entreprendre la vaine tâche de louer et de blâmer tour à tour le législateur de ce qu'il a fait et de ce qu'il n'a pas voulu faire: c'est uniquement pour faire toucher du doigt et préciser par des chiffres, empruntés à des documents officiels, les avantages et les inconvénients de la loi.

Après cette vue d'ensemble, étudions en détail chacune des prescriptions de la loi.

Art. 1er, § Ier. — *Les ventes judiciaires d'immeubles, dont le prix principal d'adjudication ne dépassera pas 2,000 fr., seront l'objet des dégrèvements prévus aux articles 3 et 4 de la présente loi.*

§ 2. — *Les lots, mis en vente par le même acte, seront réunis pour le calcul du prix d'adjudication, et la valeur des lots non adjugés entrera dans ce calcul pour leurs mises à prix. La vente ultérieure des lots non adjugés profitera du bénéfice de la loi, d'après les mêmes règles.*

Au sujet du § 1er de l'art. 1, il s'est élevé au sein du Sénat, à la séance du 25 mars 1884, une discussion fort intéressante d'où s'est nettement dégagée la pensée fondamentale de la loi, qui est celle-ci: Le bénéfice de la loi doit s'appliquer à toutes les ventes judiciaires d'immeubles, quelle que soit d'ailleurs la fortune du vendeur ; et, contrairement à ce qui a lieu en matière d'assistance judiciaire, la faveur s'attache, comme on l'a dit, à l'immeuble et non pas à la personne du propriétaire.

Un honorable sénateur, M. Griffe, avait voulu faire prévaloir la pensée contraire.

Mais la Commission lui a fait, par l'organe de son rapporteur, la réponse suivante, que nous croyons utile de reproduire intégralement :

« Messieurs, la question que vient de soulever l'honorable M. Griffe est d'une tout autre nature que celle que le projet a en vue. (Assentiment à gauche.)

» Notre collègue nous dit : Le propriétaire de divers immeubles en met en vente un seul, dont l'adjudication ne produit pas plus de 2,000 fr.; ce propriétaire jouira-t-il du bénéfice de la loi, bien qu'il possède un ou plusieurs autres immeubles d'une plus grande valeur ? S'il bénéficie de la loi, il en résultera qu'une faveur sera accordée à une personne qui ne se trouve pas dans ces situations de fortune très modeste pour lesquelles la loi est faite.

» L'observation de l'honorable M. Griffe soulève une question délicate.

» Faut-il considérer la suppression des droits du Trésor danles ventes inférieures à 2,000 fr. comme une assistance judisciaire ?

» Si c'était là la pensée de la loi, les réductions de frais qu'elle autorise pour les ventes n'excédant pas 2,000 fr. ne devront profiter qu'à ceux qui auraient été déclarés, par le Conseil d'assistance judiciaire, dans un état d'indigence qui ne leur permet pas ne subvenir aux frais d'une vente en justice.

» Mais la loi en discussion ne doit pas être envisagée au point de vue de l'assistance judiciaire. D'abord on n'a pas cru possible, dans un projet de loi ne visant que les petites ventes, d'aller rechercher quelle est la situation de fortune de ceux dont on vendrait les immeubles. (Assentiment sur plusieurs bancs.)

» Qu'a-t-on voulu ? On a voulu atténuer le poids de l'impôt judiciaire pour toutes les petites ventes.

M. le Ministre de la justice.—C'est cela ; voilà la raison.

M. le rapporteur. — Pour l'appréciation du projet de loi en discussion, si on se plaçait sur un autre terrain que celui de l'exiguité du prix de vente d'un immeuble, il faudrait se rallier au système que j'ai eu l'honneur d'exposer hier devant le Sénat, je veux dire le système de la proportionnalité. Eh bien, ce principe de la proportionnalité, la Commission, contrairement à mon opinion, n'a pas cru devoir l'adopter et le proposer au Sénat. Elle n'a pas pensé qu'il fût possible actuellement de le formuler en un texte de loi.

« Qu'a voulu la Commission en écartant le système de la proportionnalité ?

« Elle a voulu que le prix de vente d'un tout petit immeuble, quelle que fût la situation de fortune de celui qui en est le propriétaire, ne pût pas être absorbé par les frais. (Très bien ! à gauche.)

M. le Garde des sceaux. — C'est cela !

M. le rapporteur. — Ainsi, je suppose une parcelle de terre valant 500 fr. et appartenant à des mineurs ou incapables, héritiers d'une succession d'une certaine importance mobilière ; assurément, des mineurs, dans cette situation, ne pourraient pas obtenir l'assistance judiciaire ; et, cependant, en raison des nécessités d'un partage, s'il faut vendre le petit immeuble de 500 fr. toute la valeur en sera absorbée par les frais de justice.

« Eh bien, votre Commission a pensé qu'il ne serait pas équitable de faire peser sur une propriété de 500 fr., quelle que fût la fortune du vendeur, un impôt tel que la totalité de la valeur dût disparaître. Nous avons entendu, comme l'avaient pensé avant nous les ministres de la justice qui se sont succédé depuis 1876, comme l'ont pensé deux commissions de la Chambre des députés et comme l'a pensé la Chambre elle-même, que, sans considérer la situation de fortune des vendeurs, quand un meuble d'une très minime importance était mis en vente, il n'était pas admissible que le Trésor perçût des droits tels que la totalité de la valeur disparût, au préjudice des mineurs ou inpables. (Approbation.)»

M. Munier. — « La faveur s'attache à l'immeuble et non pas à la personne du propriétaire. »

Quant au § 2 de l'article 1er, sa rédaction primitive après avoir été très vivement attaquée dans la séance du Sénat du 25 mars 1884, par l'honorable M. Goguet, et d'autres sénateurs, a été renvoyée à la commission pour qu'elle y mit plus de clarté ; et après une longue délibération qui eut lieu avec le concours de M. le Garde des sceaux, de M. le directeur général de l'enregistrement et des domaines, de M. le directeur des affaires civiles, et de l'honorable M. Goguet, la commission à l'unanimité résolut d'ajouter au texte primitif du § 2 cette phrase qui ne s'y trouvait pas : « La vente ultérieure des lots non adjugés profitera du bénéfice de la loi, d'après les mêmes règles. »

Tant d'efforts réunis ont-ils fait jaillir la lumière? Quant à nous, nous l'avouons timidement, nous n'en avons pas été frappé, et nous nous sommes demandé longtemps quel était le sens exact du nouveau texte, proposé par la commission, et voté par le Sénat. Nous avions tout d'abord été porté à croire, puisqu'il avait été accepté par l'unanimité de la commission et par l'honorable M. Goguet, qu'il avait été imaginé pour consacrer la pensée qu'avait exprimée la veille, M. le rapporteur de la commission en répondant aux observations de cet honorable sénateur.

Quel était le système proposé par M. Goguet ? Pour bien le

connaître, il faut relire les observations échangées entre lui et M. le rapporteur à la séance du 25 mars 1884 :

« Il est indispensable, avait dit M. Goguet, de provoquer une explication de la part de la commission sur l'interprétation à donner à ce paragraphe 2, qui porte que « les lots mis en vente par le même acte seront réunis pour le calcul du prix d'adjudication, et la valeur des lots non adjugés entrera dans ce calcul pour leurs mises à prix. »

» Il peut se présenter plusieurs hypothèses.

» Je suppose, par exemple, que, lors de la première adjudication, l'estimation ait dépassé 2,000 fr., en y comprenant la mise à prix des lots non vendus ; et que, lors de la seconde vente, après baisse de mise à prix, l'adjudication n'atteigne pas les 2,000 fr. ; quel sera le droit à percevoir ? Le dégrèvement devra-t-il être opéré ? Ou bien le droit sera-t-il dû sur les deux ventes, parce que la mise à prix, réunie aux lots vendus, aura dépassé 2,000 fr. ?

» Je le répète, si, après la baisse de mise à prix, le total n'atteint pas 2,000 fr., le dégrèvement aura-t-il ou n'aura-t-il pas lieu ?

» Je propose maintenant l'hypothèse inverse.

» Si, au contraire, les lots vendus et les mises à prix des lots invendus n'atteignent pas 2,000 fr. et si, par l'effet de la seconde vente, ce chiffre est dépassé, est-ce que la première vente au moins ne devra pas être dégrevée ?

» Je demande à M. le rapporteur de vouloir bien donner quelques explications à cet égard, car il semble très difficile dans l'application, que le receveur de l'enregistrement puisse apprécier d'uue manière exacte la perception qu'il aurait à faire. (Assentiment sur plusieurs bancs.)

M. Marcel Barthe, rapporteur. — « Messieurs, voici, si je ne me trompe, quel est le sens de la question qui vient d'être posée par notre honorable collègue. Le paragraphe 2 de l'article 1er porte :

» Les lots mis en vente par le même acte seront réunis pour le calcul du prix d'adjudication, et la valeur des lots non adjugés entrera dans le calcul pour leurs mises à prix. »

» On nous demande ce qui arriverait dans le cas où une portion des lots serait vendue lors de la première adjudication et où une autre partie ne le serait point. Comment, dans ce cas, faudrait-il calculer pour appliquer la réglementation de frais non déterminée par la loi ?

» Cette question nous l'avions examinée et nous avons pensé qu'il ne fallait pas séparer les lots adjugés de ceux qui ne l'étaient pas pour déterminer la somme dans les limites de laquelle le bénéfice de la loi doit être acquis au vendeur. Notre intention a été que l'on tînt compte de l'ensemble des lots.

» Certains lots sont vendus, d'autres ne le sont point ; il n'y a pas encore lieu à une application définitive de la loi ; il faudra attendre que l'ensemble des lots soit adjugé, et ce ne sera qu'après l'adjudication de tous les lots qu'on pourra décider si oui ou non, la vente qui a eu lieu doit profiter au vendeur et dans quelle proportion elle doit lui profiter.

» En faisant une loi exceptionnelle procurant au vendeur une diminution considérable de frais, nous avons entendu ne le faire bénéficier de cette réduction que dans le cas où le total des prix de lots, calculé d'après le montant de l'adjudication de chacun d'eux ne dépasserait pas la somme dont le projet de loi fixe la limite.

M. Faye. — Il faudrait changer votre texte !

M. Goguet. — Alors la seconde partie du paragraphe 2 devient inutile ; il vaudrait mieux la supprimer.

M. le rapporteur. — Pourquoi devient-elle inutile ?

M. Faye. — Parce qu'elle dit le contraire de ce que la commission a voulu dire.

M. Goguet. — Puisque vous reconnaissez que, quand le total des deux ventes n'atteindra pas 2,000 fr., le dégrèvement devra avoir lieu, pourquoi dire que la valeur des lots non adjugés entrera dans le calcul pour leurs mises à prix ? A quoi bon le calcul ? Il n'y aura pas lieu de le faire.

M. le rapporteur. — C'est évident ; il n'y aura pas lieu de faire le calcul quand une partie des lots n'aura pas été adjugée ; mais nous avons été guidés par la préoccupation de ne pas changer inutilement le texte voté par la Chambre des députés ; ce même texte se trouvait dans les projets successivement présentés à la Chambre des députés par M. Dufaure en 1876, et par M. Cazot en 1881, et enfin au Sénat, en 1882, par M. Humbert. Ces divers projets l'ont reproduit dans les mêmes termes ; les deux Commissions de la Chambre des députés l'ont maintenu, et la Chambre elle-même l'a adopté ; nous avons donc pensé qu'il était inutile de toucher à une rédaction qui avait été ainsi consacrée. Mais, d'après nous, la pensée qui a inspiré la disposition qui nous occupe en ce moment est celle-ci : procurer une diminution de frais seulement aux immeubles dont le prix d'adjudication ne dépassera pas 2,000 fr.

« Il y a plusieurs lots : les uns sont adjugés, les autres ne le sont pas ; il est bien évident que le calcul ne peut être fait, ou plutôt que la loi ne peut être appliquée qu'après l'adjudication de tous les lots.

M. Faye. — Il faut renvoyer ce paragraphe à la Commission.

M. Martin-Feuillée, Garde des sceaux, Ministre de la justice. — Je crois que l'interprétation donnée par M. le rapporteur n'est pas tout à fait d'accord avec le texte du projet de loi, et qu'il serait utile de renvoyer cette disposition à la Commission pour bien préciser ce que nous entendons faire.

M. le rapporteur. — Je n'y vois aucun inconvénient, il faut avant tout que la loi soit claire et ne puisse donner lieu à aucune équivoque. »

Ainsi, si l'on ne s'en rapportait qu'à cette discussion, et si l'on croyait, comme nous l'avons pensé tout d'abord, que la pensée commune de M. le rapporteur et de M. Goguet a passé dans le texte de la loi, il faudrait en tirer la conclusion suivante : Au cas où l'adjudication comprendra plusieurs lots et où quelques-uns des lots mis en vente ne trouveront pas d'acquéreurs le même jour, le bénéfice de la loi sera suspendu jusqu'au jour de l'adjudication de ces derniers lots et ne s'appliquera que si le prix de vente de tous les lots réunis ne dépasse pas 2,000 fr.

Mais un document important, le troisième et dernier rapport de M. Rameau, présenté à la Chambre le 7 juin 1884, et publié par le *Journal officiel* (n° du 15 novembre 1884, *Doc. parl.*, p. 976), nous donne une tout autre interprétation du texte de l'article 2, tel qu'il a été voté par le Sénat. Selon l'honorable rapporteur de la Chambre des députés, le texte nouveau diffère non quant au fond, mais seulement quant à la forme du texte primitif. « Le paragraphe 2 de l'article 1er, dit-il, est conforme à notre projet, sauf une addition qui consiste à dire que la vente ultérieure des lots non adjugés lors de la première mise en vente devra profiter du bénéfice de la loi. Nous l'avions bien compris ainsi ; puisqu'il y aura eu deux procédures différentes pour ces deux mises en ventes successives, il devra y avoir un règlement spécial sur les frais de chacune d'elles dans les termes de la loi nouvelle. »

S'il y a, comme le dit l'honorable rapporteur, un règlement spécial sur les frais de chacune des ventes, c'est donc que la mise à prix des lots non adjugés sera seule considérée pour le calcul des droits dus sur la première adjudication, sans qu'il y ait lieu d'attendre, pour être fixé sur ce point, le résultat de la deuxième adjudication.

Reprenons, pour mieux faire comprendre l'application de ce principe, les deux hypothèses posées par M. Goguet, dans son discours au Sénat :

« Je suppose, avait-il dit d'abord, que lors de la première adjudication, l'estimation ait dépassé 2,000 fr., en y comprenant la mise à prix des lots non vendus ; et que, lors de la seconde vente, après baisse de mise à prix, l'adjudication n'atteigne pas les 2,000 fr.; quel sera le droit à percevoir ? Le dégrèvement devra-t-il être opéré ? »

A cette question M. Marcel Barthe avait répondu affirmativement. Le nouveau texte de la loi, d'après l'interprétation qu'en donne M. Rameau, répond négativement. Si, par exemple, le prix des lots adjugés atteint 1,500 fr., et que la mise à prix des lots non adjugés soit de 600 fr., la première adjudication ne profitera d'aucun dégrèvement. Il en serait ainsi lors même que, sur une baisse de mise à prix, les lots non adjugés la première fois ne seraient définitivement vendus que 400 fr., et qu'ainsi le total des deux adjudications n'atteignît pas 2,000 fr.

Deuxième hypothèse : les lots vendus et les mises à prix des lots invendus dans la première adjudication n'atteignent pas

2,000 fr.; si, par l'effet de la seconde vente, ce chiffre est dépassé, est-ce que la première vente au moins ne devra pas être dégrevée? Non, avait répondu M. Marcel Barthe, dès l'instant que le prix total des deux adjudications réunies dépasse 2,000 fr., la loi n'est applicable ni à la première ni à la seconde adjudication. Du nouveau texte de la loi résulte, suivant M. Rameau, la solution contraire : le bénéfice de la loi est acquis dès l'instant que le prix des lots vendus et la mise à prix des lots non vendus ne dépassent pas 2,000 fr. Si donc, pour reprendre les chiffres cités tout à l'heure à titre d'exemple, le prix des lots adjugés la première fois atteignait 1,500 fr., et la mise à prix des lots non adjugés 400 fr., la première adjudication sera dégrevée de tous frais, lors même qu'une nouvelle adjudication ferait monter les lots restant à vendre, de 400 à 600 fr.

Dans l'une et dans l'autre hypothèse, la deuxième adjudication n'atteignant pas 2,000 fr. sera dégrevée de tous frais.

Cette dernière interprétation est celle à laquelle nous croyons devoir nous arrêter; c'est la seule qui nous a été donnée par le législateur depuis le vote du nouvel article 1er, et elle doit être préférée à une opinion émise avant que ce texte n'ait été rédigé dans sa forme actuelle (1).

Art. 2, § 1. — *Le bénéfice de la présente loi s'applique à toutes les ventes judiciaires d'immeubles de la valeur constatée, comme il est dit en l'art.* 1er, *ainsi qu'à leurs incidents de subrogation, de surenchère et de folle enchère.*

§ 2. — *Dans les procédures n'ayant d'autre objet que la vente sur licitation, si les immeubles à liciter, dont les mises à prix sont inférieures à* 2,000 *fr., appartiennent indivisément à des mineurs ou incapables et à des majeurs, ces derniers pourront se réunir aux représentants de l'incapable pour que la vente ait lieu sur requête, comme si les immeubles appartenaient seulement à des mineurs. L'avis du conseil de famille ne sera pas nécessaire lorsque la vente sera provoquée par les majeurs.*

§ 3. — *Dans les procédures où la licitation est incidente aux opérations de liquidation et partage, le bénéfice de la présente loi sera acquis à tous les actes nécessaires pour parvenir à l'adjudication, à partir du cahier des charges inclusivement; les frais antérieurs ne seront pas employés en frais de vente.*

Cet article 2 n'a été l'objet, dans le sein des Chambres, d'aucune discussion. Nous devons cependant rappeler ici les paroles prononcées à la Chambre des députés, dans la séance du 16 octobre 1884, par M. le Rapporteur de la loi :

« J'ai l'honneur de vous faire observer, a-t-il dit, que le Sénat a apporté à l'article 2 du projet précédemment voté par la Chambre quelques modifications que j'indique pour qu'il n'y ait pas de surprise.

A la fin du paragraphe 1er, la rédaction du Sénat porte :

(1) Voir plus loin l'Instruction de la Régie (p. 22 et 23).

.... « ainsi qu'à leurs incidents de subrogation, de surenchère et de folle enchère. » La Chambre n'avait admis que les incidents de surenchère ; mais il est certain qu'il y a utilité à y joindre les autres incidents si tant est qu'ils se produisent dans de pareilles ventes.

» Je dois encore signaler une addition et un retranchement dans le paragraphe 2.

» Le retranchement porte sur les mots :... « et ce, par dérogation à l'article 953 du Code de procédure civile. » La Chambre avait cru devoir indiquer en quoi la loi nouvelle dérogeait à la législation actuelle ; le Sénat a pensé sans doute qu'il n'était pas nécessaire de parler de dérogation à l'art. 953, que cela résultait de la rédaction nouvelle. Nous avons accepté ce retranchement. »

En nous reportant au Rapport présenté au Sénat, nous y trouvons, en effet, les lignes suivantes :

Voici comment s'exprime l'article 953 du Code de procédure:

» La vente des immeubles appartenant à des mineurs ne pourra être ordonnée que d'après un avis de parents énonçant la nature des biens et leur valeur approximative. Cet avis ne sera pas nécessaire si les biens appartiennent en même temps à des majeurs, et si la vente est poursuivie par eux. Il sera procédé alors, conformément au titre « Des partages et licitations. »

» D'après cet article, lorsque les biens appartiennent en même temps à des majeurs et à des mineurs, si la vente est poursuivie par les majeurs, les formalités si coûteuses prescrites au titre « Des partages et licitations » doivent être observées.

» La pensée évidente de la commission de la Chambre des députés et de celle-ci a été, pour épargner aux mineurs et aux majeurs eux-mêmes les frais de procédure de partage et de licitation, de donner aux majeurs la faculté de s'en affranchir en se réunissant au représentant de l'incapable.

» Pour faire disparaître toute espèce d'équivoque dans le paragraphe 2 de l'article du projet de loi, il aurait suffi de déplacer ces mots : « par dérogation à l'article 953 du Code de procédure civile » et de le rédiger ainsi :

« Dans les procédures n'ayant d'autre objet que la vente sur licitation, si les immeubles à liciter dont les mises à prix seront inférieures à 2,000 fr., appartiennent indivisément à des mineurs ou incapables et à des majeurs, ces derniers pourront, par dérogation à l'article 953 du Code de procédure civile, se réunir au représentant de l'incapable, pour que la vente ait lieu sur requête, comme si les immeubles appartenaient seulement à des mineurs ; dans ce cas, l'avis du conseil de famille ne sera pas nécessaire. »

« Néanmoins la commission a pensé que cette incidence — par dérogation à l'art. 953 — était au moins inutile, et que, pour donner plus de clarté et de précision au paragraphe, il convenait de la supprimer. »

Il y a lieu de remarquer, au sujet des paragraphes 2 et 3 de l'article 2, la distinction que le législateur établit entre les ventes judiciaires en général et les ventes sur licitation en particulier. Les ventes judiciaires peuvent, en effet, se diviser en neuf classes: 1° saisies immobilières; 2° surenchères sur aliénation volontaire; 3° ventes de biens de mineurs et interdits; 4° ventes de biens dépendant de successions bénéficiaires; 5° ventes de biens de faillis; 6° ventes de biens de successions vacantes; 7° ventes de biens dotaux; 8° ventes de biens d'absents et autres analogues; 9° ventes sur licitation.

Les huit premières sortes de ventes qui, d'après les statistiques, représentent environ 50 0/0 du total des ventes judiciaires d'immeubles, bénéficieront de la nouvelle procédure de vente, parce que du premier acte de la poursuite jusqu'à l'adjudication, toute la procédure s'applique uniquement à la vente d'un immeuble réputé ne pas valoir plus de 2,000 fr.; à l'égard de la neuvième espèce de vente, celles sur licitation, elles bénéficieront des réductions de formalités (et par suite de frais), autorisées par la nouvelle loi, mais manqueront dans la partie de la procédure qui concerne uniquement la vente de l'immeuble à liciter, et non dans celle relative à la liquidation des communauté et succession à partager. Il serait d'abord injuste, a-t-on dit, vis-à-vis du Trésor public, de lui faire faire le sacrifice de l'impôt judiciaire en face d'une succession dont la partie mobilière pourrait être importante, alors qu'il fait ce sacrifice à bon droit sur la procédure qui concerne seule l'immeuble de faible valeur. D'un autre côté, les opérations de compte, liquidation et partage, sont régies par une procédure qui n'est pas la procédure spéciale aux ventes judiciaires d'immeubles; elle prend sa source dans des dispositions du Code civil auxquelles la nouvelle loi n'a pas voulu toucher (1).

« Art. 3, § 1er. — *Lorsque le prix d'adjudication, calculé comme il est dit en l'art. 1er, ne dépassera pas 2,000 fr. et sera devenu définitif par l'expiration du délai de la surenchère (prévue par les art. 708 et 965 du Code de procédure civile, et 573 du Code de commerce), toutes les sommes payées au Trésor public pour droit de timbre, d'enregistrement, de greffe et d'hypothèques, applicables aux actes rédigés en exécution de la loi pour parvenir à l'adjudication, seront restituées ainsi qu'il est stipulé dans l'art. 4 ci-après.*

» § 2. — *Lorsque le prix d'adjudication ne dépassera pas 1,000 fr., les divers agents de la loi subiront une réduction d'un quart sur les émoluments à eux dus et alloués en taxe conformément au tarif du 10 octobre 1841.*

» § 3. — *L'état des frais de poursuite sera dressé par distinction entre les droits du Trésor et ceux des agents de la loi; il sera taxé et annexé au jugement et au procès-verbal d'adjudication.* »

L'article 3, § 1er, établit simplement, qu'on le remarque, un

(1) Rapport de M. Rameau à la Chambre des députés (27 décembre 1880).

droit à restitution de la part de l'Etat. Le projet présenté à l'origine par la commission de la Chambre des députés en 1880, étendait au contraire aux ventes judiciaires inférieures à 2,000 fr. le principe de la liquidation des droits en *débet*, pratiqué en matière d'assistance judiciaire. Sur les réclamations du ministre des finances, la Commission a renoncé à l'application de ce principe. Il en résulte que les officiers ministériels ou les parties qu'ils représentent sont obligés, comme par le passé, de faire l'avance des droits dus au Trésor, sauf à en demander ensuite la restitution suivant les formes indiquées à l'article 4.

La Commission du Sénat avait ajouté au § 1er de ce même article 3 un paragraphe additionnel ainsi conçu : « Il en sera de même lorsque le prix d'adjudication *net des droits dus au Trésor* n'excédera pas 2,000 fr. »

A l'appui de ce paragraphe additionnel, la Commission avait présenté les considérations suivantes qui le justifiaient parfaitement : « On a fait observer, disait-elle dans son rapport (1) que par l'application de cette disposition, dans le cas où le prix d'adjudication ne dépasserait pas la somme de 2,000 fr. d'une somme au moins égale aux droits dus au Trésor public, dans le cas, par exemple, où elle serait seulement de 100 ou de 150 fr., le vendeur, mineur ou incapable, au lieu de trouver un avantage dans une adjudication nominalement supérieure à 2,000 fr., n'y trouverait qu'une perte. Ce résultat serait irrationnel et injuste ; afin de le prévenir, la Commission a décidé d'ajouter au § 1er de l'art. 3 une distinction d'après laquelle les ventes dont le prix net des droits du Trésor n'excédera pas 2,000 fr., profiteront des mêmes immunités que les ventes dont le prix ne dépasse pas cette somme. »

Toutes ces raisons étaient excellentes ; mais malheureusement le paragraphe auquel elles se rapportaient a disparu du projet présenté au Sénat, avant même que celui-ci eût été appelé à le discuter. Pourquoi et comment? nous ne saurions le dire. Il en résulte seulement que, par suite de cette suppression, le Trésor se refuse à déduire le montant des droits qui lui sont dus du prix de l'adjudication, pour calculer si ce prix dépasse ou non 2,000 fr., et qu'au lieu de prendre le prix net, comme le proposait la Commission, il ne considère que le prix brut (2).

En tous cas, si pour établir le prix réel de l'adjudication on ne déduit pas le montant des frais, il ne faudrait pas, par un calcul inverse, ajouter fictivement le montant de ces frais au prix nominal de l'adjudication.

« Disons, pour qu'il n'y ait pas de confusion, a écrit à ce sujet M. Rameau, dans son dernier rapport (3), que ces mots « les ventes, » dont le prix principal d'adjudication ne dépassera pas

(1) Rapport de M. Marcel Barthe au Sénat (22 décembre 1883, *J. Off.* janvier 1884, p. 1193).

(2) Voir plus loin (p. 21) l'Instruction de la Régie.

(3) Rapport fait à la Chambre des députés, le 7 juin 1884.

2,000 fr. dans un cas, et 1,000 fr. dans un autre) doivent s'appliquer uniquement au prix principal de l'adjudication sans y ajouter le montant des frais : le tout pour établir le calcul sur lequel s'appuie le bénéfice de la loi. »

Le § 3 de l'article 3 dit que l'état des frais de poursuite sera dressé *par distinction* entre les droits du Trésor et ceux des agents de la loi.

En inscrivant dans la loi ces mots « par distinction » le législateur a voulu que les états de frais des ventes judiciaires fussent dressés, comme cela se pratique en matière d'assistance judiciaire, sur deux colonnes, *par distinction* entre les droits du fisc et ceux des agents de la loi. Cela présente l'avantage de faire connaître au public quelle est dans les frais judiciaires la part qui profite au Trésor et celle qui revient aux divers agents de la loi, et de montrer que ceux-ci, loin d'encaisser tout ce qu'ils reçoivent, en versent une grande partie, à titre d'impôt, dans les caisses publiques.

« *Art.* 4, § 1er. — *Le jugement ou le procès-verbal d'adjudication constatera que le bénéfice de la présente loi est acquis à la vente, si le prix d'adjudication ne dépasse pas* 2,000 *fr. Il ordonnera la restitution par le Trésor public des sommes à lui payées pour les causes énoncées en l'art.* 3, *lesquelles devront être retranchées de l'état taxé : et de plus, il réduira d'un quart les émoluments des agents de la loi compris en l'état, si le prix est inférieur ou égal à* 1,000 *fr. La disposition du jugement ou du procès-verbal d'adjudication relative à la fixation des droits à restituer sera susceptible d'opposition pendant trois jours, à compter de l'enregistrement de l'acte de vente, de la part des intéressés. Cette opposition sera formée et jugée comme en matière d'opposition à taxe. S'il n'y a pas eu d'opposition, il en sera justifié par un certificat du greffier : en cas de jugement rendu sur l'opposition, il sera produit un extrait de ce jugement ; le tout aura lieu sans frais.*

» § 2. — *Le receveur de l'enregistrement qui procèdera à l'enregistrement du jugement ou du procès-verbal d'adjudication restituera à l'avoué poursuivant, sur sa simple décharge et sur la remise d'un extrait délivré sans frais de l'ordre de restitution, le tout dans les vingt-trois jours de cette adjudication, les sommes perçues par le Trésor public, et comprises en l'état taxé.*

» § 3. — *Le greffier du tribunal ou le notaire délégué pour la vente délivrera à l'adjudicataire un extrait suffisant pour la transcription de son titre, et au vendeur, mais seulement dans le cas de non-paiement du prix ou de non-exécution des conditions de l'adjudication, un extrait en la forme exécutoire.* »

Le § 1er de l'article 4 a été ainsi rédigé conformément aux observations présentées à la Commission de la Chambre des Députés par M. le Ministre des finances.

M. le Ministre des finances a exprimé d'abord la crainte que certains tribunaux n'accordassent des restitutions de droits, dans des cas où, aux yeux du Trésor, elles ne seraient pas suffisamment justifiées. Il a demandé en conséquence l'insertion dans la loi du droit d'opposition à taxe; le législateur le lui a accordé.

Une autre observation a été faite par M. le Ministre des finances. Elle avait pour objet d'exiger la production de certaines pièces justificatives à l'appui de la demande en restitution des sommes perçues par le Trésor. « Cette restitution, a dit le rapporteur de la Chambre des députés, nous n'étions pas disposés à l'entraver dans sa marche ; vous savez combien à plusieurs reprises, on a attaqué, sous le nom de bureaucratie, ces justifications qui entraînent des lenteurs; mais on nous a désintéressés en nous disant que cette justification serait faite sans frais. Il n'y avait plus d'objection à faire et les observations du Ministre ont été acceptées. »

A la suite des mots : « La disposition du jugement ou du procès-verbal d'adjudication relative à la fixation des droits à restituer... », un député avait demandé d'ajouter : « ..... et à l'obligation d'opérer cette restitution, ne donnera ouverture à aucun droit d'enregistrement. »

M. le Rapporteur de la Chambre des députés a indiqué dans la séance du 29 juin 1882 le motif pour lequel la Commission n'avait pas jugé utile de faire droit à cette proposition.

« Dans le cas, a-t-il dit, où le jugement prononce plusieurs dispositions, actuellement il est dans les usages de l'Administration de l'enregistrement de percevoir un droit de 5 fr. 50 pour chacune de ces dispositions ; on voulait faire inscrire dans la loi que dorénavent ces diverses dispositions ne seront considérées que comme une seule. La commission a pensé qu'il n'était pas admissible qu'on pût aller chercher dans une loi économique le moyen de tirer parti des droits d'enregistrement, et l'insertion des mots en question ne lui a pas paru nécessaire. »

Le § 2 de l'article 4 dit que le receveur de l'Enregistrement restituera à l'avoué poursuivant, sur sa simple décharge et sur la remise d'un extrait délivré sans frais de l'ordre de restitution, le tout dans les vingt-trois jours de cette adjudication, les sommes perçues par le Trésor public et comprises en l'état taxé.

Il y a deux observations à faire sur ce paragraphe. La première a été faite par le Rapporteur de la loi lui-même à la séance de la Chambre des députés du 16 octobre 1884.

« L'art. 4, a-t-il dit, contient une modification qui est aussi le résultat d'une erreur matérielle ; cette erreur n'a pas autrement d'importance et sera rectifiée par la discussion actuelle.

» La rédaction adoptée par la Chambre portait que la restitution des droits devait s'opérer dans les vingt jours après l'adjudication. Or, le greffier a vingt jours pour faire enregistrer le jugement d'adjudication ; on a fait observer au Sénat que trois jours devaient être réservés pour l'opposition à taxe, ce qui portait le délai total à vingt-trois jours francs, mais on n'a pas dit que ces trois jours devaient être francs.

» Certainement, il n'est pas nécessaire de renvoyer le projet de loi au Sénat pour que le Sénat déclare qu'il s'agit d'un délai de vingt-trois jours francs, et que le paiement en question pourra s'effectuer le vingt-quatrième jour ou le vingt-cinquième jour, mais il reste bien entendu qu'il s'agit ici d'un délai de vingt-trois jours francs. M. le Ministre de la justice lui-même a exprimé cette opinion devant la commission en priant le rapporteur de vouloir bien faire remarquer à la Chambre que l'expression « vingt-trois jours » employée par le Sénat indique un délai franc et que c'est dans ce sens que serait appliquée la nouvelle loi.

» Sous le bénéfice de cette explication, il n'est pas nécessaire, je le répète, de renvoyer le projet de loi au Sénat pour y faire une rectification d'aussi peu d'importance ; ce serait peu digne de cette Assemblée. Je pense que les explications que je viens de donner au nom de la commission pourront suffire. (Marques d'assentiment.) »

Une seconde observation que nous devons faire et qui résulte du texte même de la loi, c'est que c'est l'avoué poursuivant, sous sa responsabilité personnelle, qui devra poursuivre la restitution des droits qu'il aura déboursés, mais qu'il en devra compte au vendeur.

Le § 3 de l'article 4 impose, on le voit, une double obligation au notaire délégué pour la vente, l'obligation de délivrer, en tous cas, à l'adjudicataire, un extrait suffisant pour la transcription de son titre et au vendeur un extrait en la forme exécutoire, mais seulement dans le cas de non-paiement du prix ou de non-exécution des conditions de l'adjudication. Qu'on remarque ce mot *extrait* qui n'est pas synonyme du mot *expédition* et qui lui a été substitué avec intention.

Voici, en effet, ce qu'on lit à ce sujet dans le deuxième rapport de M. Rameau : « Sur les suites immédiates de l'adjudication dont le prix ne dépasse pas 2,000 fr., le projet de loi diminue encore les frais qui résultent actuellement des expéditions grossoyées remises aux adjudicataires pour la transcription obligatoire de leurs titres, et des grosses en forme exécutoire délivrées aux vendeurs pour poursuivre l'adjudicataire en cas de non-paiement; il les remplace par des extraits non grossoyés. »

Le Rapporteur de la loi nous semble avoir commis ici une confusion qui, du reste, ne paraît pas avoir passé dans le texte définitivement voté par les Chambres, mais qu'il importe, croyons-nous, de signaler.

Lorsqu'il s'agit de l'extrait à délivrer à l'adjudicataire, pour la transcription de son titre, il est évident que l'extrait peut n'être pas grossoyé, puisqu'il n'est pas besoin qu'il soit revêtu de la formule exécutoire : il suffit qu'il contienne les parties essentielles de l'acte que le conservateur doit connaître pour opérer la transcription, sans que celui-ci soit en droit d'exiger la copie entière de cet acte. Mais s'il s'agit de l'extrait à délivrer au vendeur, comme d'après le texte même de la loi, il doit lui être délivré « en la forme exécutoire », il doit être nécessairement délivré en forme de grosse, car, d'après un principe fondamental de notre législation, les grosses seules peuvent être revêtues de la formule exécutoire (Dict. du Not. v° *Grosse*, n° 16 et suiv.). Pour mettre la loi nouvelle en harmonie avec ces principes, il faut donc admettre que désormais on n'exigera plus une expédition entière de l'acte ni pour la transcription, ni pour les poursuites à fin de paiement du prix, et que dans les deux cas, un extrait littéral de l'acte suffira, mais que cet extrait non grossoyé dans le premier cas, devra, comme par le passé, être grossoyé dans le second.

Ce même article 4 contenait, dans le projet de la commission, une disposition finale qui n'a pas été reproduite lors de la discussion en séance publique, et dont nous regrettons vivement la disparition. Cette disposition était ainsi conçue : « Les actes de la procédure de purge, si elle a lieu, seront enregistrés au droit fixe ordinaire, et non au droit multiple, quel que soit le nombre des adjudicataires agissant collectivement et des créanciers inscrits. »

Cet article, comme l'expliquait le rapport, avait pour but de prohiber la perception des droits d'enregistrement fixes dits multiples, lorsque plusieurs adjudicataires se réunissent par économie pour notifier leur titre aux créanciers inscrits. Encore une réforme que le législateur, par ménagement pour le fisc, n'a pas osé faire et qui eût cependant été bien justifiée !

« *Art. 5. — Le tribunal devant lequel se poursuivra une vente d'immeubles dont la mise à prix sera inférieure à 2,000 fr. pourra, par le jugement qui doit fixer les jours et les conditions de l'adjudication, ou par le jugement qui autorisera la vente, ordonner : 1° que les placards et insertions ne contiendront qu'une désignation très sommaire des immeubles ; le prix des insertions sera de la moitié de celui fixé pour les autres ventes judiciaires ; 2° que les placards seront même manuscrits et apposés, sans procès-verbal d'huissier, dans les lieux que le tribunal indiquera, et ce, par dérogation à l'art. 699 du Code de procédure civile.* »

Remarquons tout d'abord ces expressions de l'article 5 : « Le tribunal *pourra ordonner...* » Il faut en conclure : 1° Que le tribunal ne prendra cette décision que si les parties intéressées le lui demandent ; c'est ce qui a été formellement déclaré par le rapporteur de la loi dans la séance de la Chambre des députés du 29 juin 1882 (*J. Off.* du 30 juin, p. 1084 et suiv., *J. du Not.* n° du 15 juillet 1882, p. 395) ; 2° Que cette décision est abandonnée au pouvoir discrétionnaire du juge. Il est opportun de rappeler ici ce qui a été dit sur ce dernier point, soit dans l'Exposé des motifs du projet de loi présenté, le 26 novembre 1881, par le Ministre de la justice à la Chambre des députés (1), soit dans le deuxième rapport de M. Rameau (2).

« Le Code de procédure civile (art. 696, 699, 958, 959 et 960)

(1) *J. du Not.*, n° du 21 janvier 1882.
(2) *J. du Not.*, n° du 5 avril 1882.

dit l'Exposé des motifs, exige pour toute vente judiciaire, quelle qu'en soit l'importance, l'impression de placards contenant la description détaillée de l'immeuble mis en vente. Ces placards doivent être apposés en un grand nombre d'endroits, et, en outre, une copie en est insérée dans le journal de l'arrondissement. Cette publicité dispendieuse est inutile lorsqu'il s'agit d'immeubles de peu d'importance ; elle peut, dans ce cas, être restreinte sans inconvénient, car les acquéreurs de ces sortes d'immeubles sont presque toujours des habitants de la localité où ils sont situés. Nous demandons, en conséquence, de permettre au président du tribunal d'ordonner sur requête : 1° Que les affiches et insertions ne contiendront qu'une désignation sommaire de l'immeuble ; 2° Que les affiches seront manuscrites et ne seront pas apposées dans tous les endroits déterminés par l'art. 699 du Code de procédure civile. »

« Dans toutes les ventes visées par le projet de loi, ajoute le deuxième rapport de M. Rameau, on laisse au pouvoir discrétionnaire du juge le soin de limiter les formes de la publicité, par voie d'affiches et d'insertion dans les journaux ; à ce sujet, la Commission considère comme utile une circulaire de M. le Garde des sceaux pour inviter les préfets à prendre des arrêtés fixant (dans la matière dont il s'agit) les prix des insertions à des conditions d'abaissement telles que les imprimeurs ne puissent faire aucune remise à qui que ce soit sur le prix fixé ; en tous cas, le prix des insertions devra être de la moitié de celui fixé pour les autres ventes judiciaires. Quant à la longueur de la désignation des immeubles à vendre, le juge pourra décider qu'elle n'indiquera qu'un ou deux au plus des tenants, et que le nom seul du poursuivant la vente figurera dans les affiches et insertions. Enfin, il pourra permettre que les appositions soient constatées sans ministère d'huissier comme dans les ventes amiables. »

« *Art.* 6. — *Les dispositions de la présente loi ne pourront être appliquées qu'aux ventes judiciaires d'immeubles dont la poursuite ne serait pas commencée avant sa promulgation.* »

On sait que la loi, telle qu'elle avait été votée par la Chambre des députés le 29 juin 1882, contenait un autre article 6 ainsi conçu : « Toute vente judiciaire autre que celle sur saisie immobilière dont la mise à prix n'excédera pas 1,500 fr. sera renvoyée devant le notaire qui sera désigné par les parties intéressées quand la majorité des parties sera d'accord pour la demander. »

La Commission du Sénat a proposé la suppression de cet article par les motifs suivants :

« L'article 6 qui nous occupe, a-t-elle dit, a ému, dans un sens opposé, cela est naturel, le corps des notaires et le corps des avoués.

» Ces deux corporations ont constitué deux comités distincts pour veiller à la défense de leurs intérêts, et de nombreux mémoires ont été publiés.

» En lisant ces écrits, dans lesquels on trouve des observations très dignes d'attention, faites par des hommes distingués, possédant à fond la connaissance des questions qui touchent à leurs professions, on demeure convaincu que le législateur a agi sagement en appelant les avoués ou les notaires, suivant l'appréciation des tribunaux, à procéder aux ventes des biens immeubles des mineurs et incapables.

» Dans certains cas, lorsque les immeubles mis en vente ne peuvent trouver d'acquéreurs que dans un rayon très restreint, et lorsqu'on n'a pas à craindre une entente entre des majeurs spéculant sur le défaut de protection des mineurs, les ventes par le ministère de notaire peuvent être préférables.

» Dans d'autres cas, au contraire, lorsque des enchérisseurs, ne voulant pas ou ne pouvant pas se produire personnellement, tiennent à acquérir par l'intermédiaire d'un avoué et à ne livrer leur nom qu'après l'adjudication ; ou bien encore, lorsqu'on prévoit des surenchères qui, devant être portées à l'audience du tribunal, pourraient augmenter considérablement les frais, il est plus aventageux pour les mineurs et incapables que leurs biens immeubles soient vendus à la barre.

» Seulement, dans l'intérêt des vendeurs mineurs et incapables, il faudrait que les ventes ne fussent pas plus coûteuses devant un tribunal que devant un notaire. »

Ces derniers mots suffiraient à réfuter les observations qui les précèdent ; en avouant « qu'il faudrait que les ventes ne fussent pas plus coûteuses devant un tribunal que devant un notaire, » la Commission du Sénat s'est condamnée elle-même et a laissé voir le grave inconvénient attaché au maintien de l'état de choses actuel ; précisément, en effet, d'après toutes les statistiques, les ventes retenues à la barre du tribunal sont sensiblement plus coûteuses que les ventes renvoyées devant les notaires.

La décision du Sénat n'a du reste pas convaincu la Commission de la Chambre des députés.

« Notre article 6 a été supprimé par le Sénat, a dit M. Rameau dans son dernier rapport ; suivant lui, le droit commun suffisait. Nous avions pensé, et nous pensons encore, que la jurisprudence relative aux renvois des ventes judiciaires d'immeubles devant les notaires ou aux retenues à la barre des tribunaux était excessive en ce sens que certains tribunaux renvoient tout devant les notaires, et que d'autres retiennent tout à leur barre, et qu'il convenait de décider que les intéressés pourraient, en formant une majorité sur cette question, obtenir de plein droit le renvoi devant le notaire. »

Si la Commission de la Chambre des députés n'a pas cru pouvoir revenir sur ce vote, c'est, a-t-elle dit, qu'elle a placé l'intérêt supérieur d'un dégrèvement immédiat de la petite propriété au-dessus des améliorations de détail qui lui semblaient pourtant justifiées. Mais, a-t-elle ajouté, « la Commission n'a pas cru pouvoir se dispenser d'insérer dans son rapport, ne fût-ce qu'à titre de souvenir, sinon de protestation, les raisons qui lui semblent justifier certaines des dispositions que la Chambre avait adoptées. »

Nous sommes reconnaisants à la Commission de la Chambre des députés de ce souvenir et nous nous joignons à cette protestation, en espérant qu'elle aura un jour plus d'effet. Nous nous demandons comment les mineurs pourraient être reconnaissants à la loi d'une protection qui leur coûte la plupart du temps plus qu'elle ne leur rapporte. Nous demeurons convaincu que l'intérêt du mineur, bien compris et isolé de tout autre intérêt, exigeait le maintien de l'article 6 voté par la Chambre des députés, et nous regrettons sincèrement que le Sénat l'ait rayé d'une loi dans laquelle il avait sa place marquée.

INSTRUCTION DE LA RÉGIE

Du 3 décembre 1884.

Une loi du 23 octobre 1884, promulguée au *Journal officiel* du 25, a été votée par le Parlement en vue de diminuer les frais des ventes judiciaires d'immeubles de peu d'importance. Elle autorise, à cet effet, la restitution des droits de timbre, d'enregistrement, de greffe et d'hypothèque perçus sur les actes de la procédure, lorsque la vente a lieu dans des conditions déterminées. Elle impose également aux agents de la loi qui ont coopéré à ces actes de procédure une réduction des émoluments alloués en taxe par le tarif du 10 octobre 1841.

L'application de la loi sera faite par le service d'après les dispositions suivantes qui ont été concertées avec l'administration de la justice.

I. *Caractère des ventes judiciaires.* — La loi du 23 octobre 1884 est spéciale aux ventes judiciaires d'immeubles, mais elle comprend sans exception toutes les ventes auxquelles il est procédé en vertu d'un ordre de justice, conformément aux dispositions du Code civil ou du Code de procédure.

Ce caractère appartient notamment aux aliénations ci-après :

Vente sur saisie immobilière ou sur conversion de saisie,

Vente de biens de mineurs, d'absents ou d'interdits,

Vente à la suite de surenchère sur aliénation volontaire,

Vente de biens de successions vacantes ou de successions bénéficiaires,

Vente de biens dotaux,

Vente de biens dépendant d'une faillite,

Vente de biens compris dans une substitution, etc.

Ces procédures profitent du bénéfice de la loi dès qu'elles ont été autorisées par le tribunal. Mais il importe peu que l'adjudication ait lieu à l'audience des criées ou devant le notaire commis pour recevoir les enchères. L'officier public étant alors le délégué du tribunal, l'aliénation passée devant lui est considérée comme une vente judiciaire.

2. *Prix principal. — Charges*. — Aux termes de l'article 1er de la loi du 23 octobre 1884, le remboursement n'est accordé qu'aux ventes dont le *prix principal* d'adjudication ne dépasse pas 2,000 francs. L'expression de prix principal a été insérée dans la loi avec la signification qu'elle a dans l'article 708 du Code de procédure et afin d'exclure les charges accessoires qui constituent pour la perception de l'impôt une partie du prix, mais dont l'appréciation aurait pu soulever des difficultés de nature à retarder l'exécution du remboursement.

Le prix principal comprend donc toutes les sommes que l'acquéreur doit payer au vendeur ou à ses créanciers et autres ayants cause (Dalloz, v° *Surenchère*, n° 324). Il comprend également les prestations, telles que rentes perpétuelles ou viagères qui tiennent lieu de tout ou partie du prix principal de l'aliénation.

Lorsque la valeur de ces prestations n'est pas déterminée dans le contrat ou dans les actes de la procédure, il appartient au tribunal ou au notaire commis d'en fixer le chiffre, en exécution du § 1er de l'article 4 de la loi. Mais cette fixation toute spéciale ne peut être invoquée au sujet de la liquidation du droit d'enregistrement qui continuera à être opérée conformément aux dispositions légales en vigueur.

Les charges qui restent en dehors de la fixation du prix principal sont toutes celles qui ne sauraient, à raison de leur caractère purement accessoire, être considérées comme une fraction réelle du prix. Telles sont les remises proportionnelles dues aux avoués, les centimes additionnels à payer au notaire, certains frais antérieurs à la charge des vendeurs, les impôts payés d'avance, etc. La question de savoir si une charge fait ou non partie du prix principal, sera résolue en premier ordre par le tribunal ou par le notaire commis, sauf le recours établi par l'article 4, § 1, de la loi.

Les charges proprement dites ne doivent pas servir à l'appréciation du prix principal. Par conséquent, si ce prix principal excède 2,000 francs, l'adjudication ne bénéficiera pas de la loi, alors même que les frais auraient été stipulés payables en déduction. Au contraire, si le prix ne dépasse pas 2,000 francs, le bénéfice de la loi est acquis à l'adjudication, quoique les frais soient payables en sus de ce prix.

Le prix principal étant déterminé conformément à l'article 708 du Code de procédure, sans égard aux dispositions spéciales de la loi sur l'enregistrement, il en résulte que si la vente judiciaire était faite avec réserve d'usufruit au profit du vendeur, il n'y aurait pas lieu d'ajouter au prix de la nue propriété la moitié qui représente la valeur de l'usufruit. (L. 22 frimaire, an VII, art. 15, n° 7.)

3. *Valeur des biens*. — Le prix principal déterminé par l'adjudication est la seule base autorisée pour l'application de la loi. Le bénéfice en sera acquis à l'aliénation, quoique des documents, tels qu'un procès-verbal d'expertise, fissent connaître que la valeur vénale des biens vendus excède 2,000 francs.

4. *Même acte.* — Pour apprécier l'importance de la vente, la loi considère l'ensemble des immeubles exposés aux enchères par le même procès-verbal. « Les lots mis en vente par le même acte, porte l'article 1er, paragraphe 2, de la loi, seront réunis pour le calcul du prix d'adjudication. »

Les biens appartenant au vendeur qui feraient l'objet d'une autre adjudication, ne pourraient donc pas être réunis aux immeubles de la première vente, lors même qu'ils auraient été compris dans les mêmes poursuites. Mais si plusieurs poursuites faites séparément à l'origine sont jointes avant la vente et aboutissent à un procès-verbal unique, c'est le résultat de la mise aux enchères de tous les lots qui déterminera le prix principal.

5. *Lots non adjugés.* — *Mise à prix.* — La valeur des lots non adjugés entre dans le calcul du prix pour leurs mises à prix (art. 1er, § 2). Ce calcul est définitif. Lors même que les lots non adjugés seraient ultérieurement vendus moyennant un prix différent, c'est la mise à prix qui sert exclusivement à régler l'application de la loi au premier procès-verbal. Les prix ultérieurs ne sauraient modifier cette situation. Il est nécessaire, toutefois, que les lots non adjugés aient été eux-mêmes exposés aux enchères. S'ils étaient retirés avant l'adjudication, soit volontairement, soit par le résultat d'une demande en distraction, ou pour toute autre cause, il n'y aurait pas lieu d'en faire état et d'ajouter leurs mises à prix aux prix des biens adjugés.

Il peut arriver que, par suite de la distraction des lots non mis en vente et retirés avant l'adjudication, celle-ci bénéficie du remboursement applicable aux actes de la procédure. Ce remboursement ne doit pas alors, bien entendu, s'étendre aux droits qui concernent spécialement les lots retirés. Par exemple, lorsque ces lots ont fait l'objet d'une poursuite distincte dont la jonction a été prononcée, les frais de cette poursuite demeurent acquis au Trésor.

6. *Non-adjudication.* — *Poursuite abandonnée.* — Dès que les biens ont été mis aux enchères, la loi est applicable au procès-verbal, quoique aucun d'eux n'ait été adjugé : la réunion des mises à prix détermine la somme qui sert de base à l'ordre de restitution.

Mais si la poursuite est abandonnée ou si la vente amiable est substituée à la vente judiciaire, la loi cesse de recevoir son exécution à l'égard des biens qui font l'objet de cette poursuite ou de cette vente.

7. *Revente des lots non adjugés.* — Aux termes du dernier alinéa de l'article 1er, « la vente ultérieure des lots non adjugés profite du bénéfice de la loi d'après les mêmes règles. »

Cette réadjudication est considérée isolément sans égard aux résultats de la vente antérieure. Le procès-verbal de réadjudication tombera sous l'empire de la loi de la même manière que si les biens n'avaient jamais été mis aux enchères. Le remboursement aura lieu ou sera refusé selon que ce procès-verbal réunira ou non, par lui-même, les conditions de l'article 3.

Lorsque la mise à prix des lots invendus réunie au prix des lots adjugés ne dépasse pas 2,000 francs, le remboursement s'étend à tous les droits de la procédure, même à ceux des actes relatifs aux biens non adjugés. Si ces derniers biens font l'objet d'une réadjudication tombant aussi sous l'application de la loi, il est essentiel de ne pas ordonner de nouveau la restitution des droits antérieurement restitués. L'ordre de remboursement doit être limité aux droits des actes relatifs à la seconde adjudication.

De même, si après avoir été compris dans une adjudication dont le prix excède 2,000 francs, un lot non vendu est remis en adjudication et vendu moyennant un prix ne dépassant pas 2,000 francs, la restitution ne doit s'appliquer qu'aux actes de la seconde procédure. Les droits qui ont été perçus à l'occasion de la première demeurent acquis au Trésor.

8. *Meubles et immeubles.* — La loi du 23 octobre 1884 ne s'applique qu'aux ventes judiciaires d'immeubles. Par conséquent, si un procès-verbal d'adjudication comprenait des immeubles et des meubles vendus pour un seul prix, le tribunal ou le notaire commis aurait à procéder à la ventilation nécessaire pour formuler l'ordre de remboursement, Mais cette ventilation demeurerait sans influence sur la liquidation du droit d'enregistrement qui resterait soumise aux dispositions spéciales de l'article 9 de la loi du 22 frimaire an VII.

9. *Incidents de la vente,* L'article 2, § 1, de la loi étend le bénéfice de la restitution à trois espèces d'incidents qui se produisent fréquemment dans les ventes judiciaires d'immeubles: les incidents de subrogation, de surenchère et de folle enchère. Cette énonciation est limitative. Elle ne comprend aucune des autres procédures accessoires auxquelles peut donner lieu la poursuite, par exemple, les demandes en distraction, les instances en nullité d'exploits. Ce sont là autant de procédures distinctes qui restent sous l'empire du droit commun et ne sauraient entrer en compte pour le calcul des droits à restituer.

La procédure de subrogation, ayant pour effet de substituer un poursuivant à un autre, n'a aucune influence directe sur la détermination du prix de la vente. Elle ne profite de la loi que quand l'adjudication à laquelle elle se rapporte peut elle-même en bénéficier.

La folle enchère remet en question le prix de la vente antérieure. C'est une aliénation nouvelle qui doit être, pour l'application du remboursement, considérée isolément et sans être rattachée à la première adjudication. Si le prix de la folle enchère, déterminé conformément à l'article 1er de la loi, dépasse 2,000 francs, la procédure de l'incident n'est pas régie par la loi du 23 octobre 1884, quoique le prix de la vente antérieure ait été inférieur à ce chiffre et que cette vente ait bénéficié de la loi. Si, au contraire, le prix de la folle enchère ne dépasse pas 2,000 francs, les actes de la procédure relatifs à l'incident profitent des dispositions de la loi nouvelle, bien que la vente antérieure n'en ait pu bénéficier. Dans un cas comme dans l'autre, les résultats de la folle enchère ne peuvent réagir sur la vente primitive.

Quant aux incidents de surenchère, il y lieu a de distinguer. Les surenchères qui, suivant les explications ci-après (n° 10), restent sans influence sur le prix de la vente surenchérie, doivent être traitées comme les folles enchères. Ces incidents profitent ou non des dispositions de la loi nouvelle, selon que par eux-mêmes ils remplissent ou non les conditions prévues, sans égard aux résultats de l'adjudication antérieure. Mais il en est autrement des surenchères qui, d'après la loi elle-même, servent à fixer le prix définitif de l'adjudication primitive. Ces surenchères, en effet, se relient intimement alors à la première vente, et on doit en combiner les résultats avec ceux de la vente pour appliquer la loi du 23 octobre 1884, tant à la vente qu'à l'incident de surenchère. En conséquence, si une vente, dont le prix principal n'a pas excédé 2,000 francs, est l'objet d'une surenchère qui porte ce prix à un chiffre supérieur, ni la vente, ni l'incident ne peuvent bénéficier du remboursement. Il en est de même si la surenchère dont il s'agit a seulement porté sur l'un ou quelques-uns des lots réunis pour la fixation du prix en exécution de l'article 1er, § 2, de la loi. Dès lors que, par le résultat de cette surenchère partielle, le prix de la nouvelle adjudication ajouté au prix des autres lots adjugés et aux mises à prix des lots invendus dépasse la somme de 2,000 francs, la loi n'est applicable ni à la première vente, ni à la procédure de surenchère.

Tous les incidents de subrogation, de surenchère ou de folle enchère ne sont pas visés par la loi. On n'y saurait faire entrer que ceux dont les dépens sont employés en frais de vente. Souvent, en effet, ces dépens sont mis par le tribunal à la charge personnelle, soit du saisissant qui conteste à tort la subrogation, soit du demandeur dont la poursuite est rejetée. En pareil cas, les frais de l'incident ne font pas réellement partie de la poursuite de vente. Ils demeurent acquis au Trésor.

10. *Prix définitif.* — En droit, le prix de l'adjudication n'est pas définitif tant qu'il peut être modifié par la surenchère ou par la folle enchère. La surenchère est ouverte : 1° au profit de toute personne dans les huit jours de l'adjudication qui a lieu à la suite d'une saisie immobilière après l'accomplissement de toutes les formalités prescrites (art. 708 C. proc.), ou sur l'autorisation de justice à la demande des parties majeures (art. 743 C. proc.), ou encore après la vente de biens appartenant à des mineurs (art. 965 C. proc.), de biens licités (art. 973 C. proc.) ou dépendant de successions bénéficiaires (art. 988 C. proc.), de biens dotaux aliénés en conformité de l'article 1558 du Code civil (art. 997 C. proc.), ou enfin de biens dépendant d'une succession vacante (art. 1001 C. proc.); 2° au profit de toute personne dans les quinze jours de l'adjudication des immeubles d'un failli sur la poursuite des syndics (art. 573 C. comm.); 3° au profit des créanciers inscrits dans le délai de quarante jours à partir de la notification faite par le nouveau propriétaire qui veut purger les hypothèques (art. 2185 C. civ.). La folle enchère peut être demandée contre l'acheteur pour défaut d'exécution des clauses de l'adjudication (art. 733 C. proc.). Cette action est ouverte pendant trente ans (art. 2262 C. civ.).

La loi du 23 octobre 1884 n'exige pas, pour rendre le prix définitif à l'égard du remboursement des droits, que le délai de ces diverses voies de recours soit expiré. Elle limite la justification à la surenchère de huitaine prévue par les articles 708 et 965 du Code de procédure et à celle de quinzaine autorisée par l'article 573 du Code de commerce. Mais bien que le texte fasse seulement mention des deux surenchères de huitaine et de quinzaine réglées pour les ventes sur saisie immobilière et les ventes de biens de mineurs, ou les ventes des immeubles d'un failli, la disposition doit être étendue, par voie d'analogie, aux surenchères intervenues dans les mêmes délais au sujet de procédures identiques, telles que celles des articles 743, 973, 988, 997 et 1001 du Code de procédure civile.

Les autres surenchères et la folle enchère restent sans influence sur la fixation définitive du prix. Par conséquent, la restitution devrait être opérée au moment où elle est requise, quoique ces voies de recours soient exercées et quoique même elles aient abouti à une nouvelle adjudication fixant le prix principal à un chiffre supérieur à 2,000 fr. A l'inverse, si le prix de l'adjudication primitive a dépassé 2,000 fr., l'acte ne bénéficiera pas de la loi, alors même que, plus tard, le prix de la nouvelle adjudication resterait inférieur à ce chiffre. Cette seconde procédure seule, considérée comme une nouvelle vente judiciaire, profiterait des dégrèvements si elle remplissait d'ailleurs les autres conditions imposées par la loi.

11. *Adjudication et actes postérieurs.* — Aux termes de l'article 3, § 1, de la loi, les droits à restituer sont ceux des actes rédigés en exécution de la loi pour parvenir à l'adjudication.

Le jugement ou le procès-verbal d'adjudication restent assujettis à la règle générale, de même que tous les actes postérieurs tels que les déclarations de command, la quittance du prix, etc., autres que les incidents prévus par le paragraphe 1er de l'article 2 de la loi.

12. *Actes antérieurs.* — Deux conditions sont nécessaires pour que les actes antérieurs à la vente profitent du bénéfice du remboursement.

La première, c'est qu'ils aient été rédigés en exécution de la loi. Il y a donc lieu d'exclure de la restitution les droits perçus sur des actes frustratoires ou reconnus inutiles à la poursuite de vente, notamment les actes annulés pour vice de forme.

La seconde condition est que les actes aient été rédigés pour parvenir à l'adjudication. Si des procédures avaient un but ou un effet différent, si, par exemple, les actes renfermaient des dispositions étrangères à la vente, ils resteraient pour ce motif assujettis aux tarifs ordinaires et le remboursement ne pourrait être autorisé. Il faut ranger dans cette catégorie notamment les actes auxquels peuvent donner lieu tous les incidents autres que ceux nominativement prévus par le 1er paragraphe de l'article 2 de la loi du 23 octobre 1884.

Quant aux frais étrangers à la poursuite de vente, ils constituent, lorsqu'ils sont imposés à l'acquéreur, une charge du prix et ils peuvent, suivant l'observation faite ci-dessus (n° 2), entrer dans le calcul du prix principal à déterminer par le tribunal.

13. *Licitations.* — Des dispositions particulières ont été édictées au sujet des licitations.

Celles qui ont lieu entre majeurs pour faire cesser l'indivision sont des aliénations volontaires. « La loi, porte le rapport fait à la Chambre des députés le 27 décembre 1880, ne permet pas aux parties, dans ce cas, une vente judiciaire (827 C. civ. et 743 C. proc.) Si elles ne sont pas toutes d'accord soit sur la cessation immédiate de l'indivision, soit sur le lotissement, la mise à prix et les conditions de la vente, c'est un procès comme un autre qui est soumis aux règles de la procédure ordinaire. » La vente ne peut donc pas profiter du bénéfice de la loi.

Il en est autrement quand la licitation intéresse des mineurs. Soit qu'elle ait lieu dans les formes ordinaires, soit qu'elle s'opère conformément à l'article 2, § 2, de la loi du 23 octobre 1884, l'adjudication rentre dans la catégorie des ventes judiciaires proprement dites. Il y a lieu de lui en appliquer les dispositions.

La loi est limitée au cas où les mises à prix ne dépassent pas 2,000 fr. Il appartiendrait aux tribunaux d'apprécier si ces mises à prix sont sérieuses ou si elles n'ont pas été abaissées abusivement pour profiter du bénéfice de la loi.

L'article 2, § 2, de la loi dispense de produire l'avis du conseil de famille lorsque la vente a été provoquée par les majeurs. La même règle paraît applicable quand un accord préalable pour commencer la procédure est intervenu entre les majeurs et les représentants des mineurs.

Une règle spéciale a été édictée pour le cas où la licitation est incidente aux opérations de liquidation et de partage. Cette licitation fait partie d'une procédure générale ayant pour objet de liquider un ensemble de valeurs mobilières ou immobilières, de régler la situation des communistes au sujet de leurs reprises, rapports et autres droits individuels. Il est évident que le bénéfice de la restitution ne peut s'appliquer à toute cette procédure. Elle doit être limitée aux frais de l'incident de la licitation. Ainsi que le constate le rapport précité, « l'immeuble à liciter profitera de la réduction de la loi nouvelle dans cette partie incidente de la procédure. Mais la procédure antérieure à la vente applicable aux opérations de compte, liquidation et partage, ainsi que celle postérieure pour leur homologation, resteront soumises aux dispositions générales du Code de procédure. » Afin de prévenir toute difficulté à cet égard, l'article 2, § 3, décide que la restitution ne s'étendra qu'aux droits du cahier des charges et des actes postérieurs rédigés avant l'adjudication. Cette restitution ne s'effectuera d'ailleurs que dans les conditions requises au sujet des ventes ordinaires, lorsque les actes auront exclusivement pour objet la procédure de licitation et que le prix calculé comme en l'article 1er ne dépassera pas 2,000 fr.

14. *Droits à restituer.* — La restitution comprend tous les droits perçus sur les actes de la procédure. Elle embrasse, suivant le texte de l'article 3, § 1, de la loi nouvelle, « les sommes payées au Trésor public pour droits de timbre, d'enregistrement, de greffe et d'hypothèques. » Il n'est fait aucune exception en ce qui concerne le droit de timbre, et le remboursement doit comprendre, dès lors, l'intégralité du prix des feuilles de papier de la débite, sans aucune retenue pour le coût de la fabrication.

15. *Droits non perçus.* — La loi prévoit le cas du remboursement des droits payés, parce que c'est le plus ordinaire. Mais le même principe conduit à reconnaître que, si les droits n'avaient pas encore été perçus au moment du procès-verbal, la déclaration régulière que le bénéfice de la loi est acquis à la vente s'opposerait à ce que le versement en fût exigé.

16. *Amendes et droits en sus.* — La loi ne concerne d'ailleurs que les droits simples représentant le salaire de la formalité. Les

amendes ou les droits en sus encourus à l'occasion des actes de la procédure ne profitent pas du bénéfice de la restitution.

17. *Salaires du conservateur.* — La restitution ne saurait non plus être étendue aux salaires dus aux conservateurs des hypothèques, ni aux droits de recherche établis au profit des receveurs. D'une part, le texte de l'article 5 est spécial aux droits payés au Trésor public. D'un autre côté, les seuls agents de la loi passibles de la réduction des émoluments sont les avoués, huissiers, greffiers et notaires. La déclaration en a été faite à plusieurs reprises dans les documents parlementaires qui ont précédé le vote de la loi. *(Exposé des motifs des projets de loi des* 17 *mai* 1876 *et* 14 *janvier* 1878.*)*

18. *Déclaration du tribunal ou du notaire commis.* — Lorsque la vente réunit les conditions exigées, le jugement ou le procès-verbal d'adjudication du notaire commis doit constater que le bénéfice de la loi est acquis. C'est la prescription formelle de l'article 4, § 1, de la loi du 23 octobre 1884. En l'absence de cette déclaration, le remboursement ne pourrait pas avoir lieu. La déclaration est faite par le tribunal ou par le notaire délégué. Si elle est contenue dans un jugement, elle doit émaner du tribunal tout entier, et non pas seulement du président ou du greffier. Elle doit être insérée dans le contexte même du jugement ou du procès-verbal dont elle forme, suivant l'article 4, une « disposition. » En cas d'omission, il ne pourrait y être suppléé, puisque, suivant le texte précis de la loi, l'ordre de restitution ne constituerait plus alors une *disposition* même du jugement ou du procès-verbal d'adjudication.

19. *Ordre de restitution.* — Le tribunal ou le notaire commis sont, en outre, chargés par la loi (art. 4, § 1) de déterminer exactement le montant des droits à restituer et d'ordonner ce remboursement. Ce calcul sera établi facilement d'après les états taxés qui accompagnent le procès-verbal d'adjudication et qui, d'après l'article 3, § 3 de la loi, doivent indiquer distinctement le montant de ces droits. Mais il n'est pas nécessaire que l'ordre de restitution soit nominativement assigné sur le bureau chargé de l'enregistrement de la vente. La compétence exclusive de ce bureau résulte formellement du paragraphe 2 de l'article 3 de la loi.

20. *Opposition. — Intéressés.* — La déclaration du tribunal ou du notaire que le bénéfice de la loi est applicable à la vente, la fixation des sommes à restituer et l'ordre de remboursement, sont susceptibles d'opposition de la part des intéressés. Ces intéressés sont tous ceux auxquels la décision peut faire grief, notamment l'Administration de l'enregistrement, les agents de la loi, le poursuivant, le vendeur et les divers intervenants à la procédure.

L'opposition doit être formée dès qu'il apparait que la loi a été indûment appliquée à la vente, soit parce que celle-ci ne constitue pas une vente judiciaire, soit parce que le prix a été mal calculé, soit parce que des erreurs ont été commises dans la fixation du chiffre de la restitution. Les appréciations du tribunal ou de son délégué ont été soumises sur ce point par la loi au contrôle des agents de perception. Ceux-ci exerceront ce droit avec la vigilance nécessaire pour garantir les intérêts du Trésor. Mais ils éviteront soigneusement de soulever des contredits non justifiés, afin de ne pas retarder mal à propos les remboursements.

21. *Délai de l'opposition.* — L'opposition à l'ordre de restitution doit être formée, suivant l'article 4, § 2, de la loi, dans les trois jours à compter de l'enregistrement de l'acte de vente. Ce délai est franc. Le jour de l'enregistrement n'est pas compté et si le troisième jour est férié, le délai est reporté au lendemain (Art. 1033, C. proc.).

Le délai de trois jours ne court qu'à partir de l'enregistrement effectif de l'acte ou du jugement, parce que c'est dès ce moment que la restitution doit avoir lieu. L'opposition ne pourrait donc être utilement formée pendant la période qui s'écoule entre la date du jugement et celle de la formalité. Il en résulte que si l'enregistrement est retardé au delà du délai légal par le greffier ou par le notaire, ou si le receveur refuse de donner la formalité à défaut de consignation suffisante ou des déclarations ordonnées par l'article 16 de la loi du 22 frimaire an VII, le délai d'opposition se trouve suspendu. Nulle signification extrajudiciaire ne peut le faire courir contre l'Administration.

22. *Forme et procédure de l'opposition.* — L'opposition sera formée et jugée comme en matière d'opposition à taxe. Les formalités de cette procédure sont indiquées par le décret du 16 février 1807 sur la liquidation des dépens. En règle générale, l'opposition est précédée d'une signification faite aux avoués des parties intéressées et elle est introduite par voie de citation en chambre du conseil. L'avoué poursuivant ayant été désigné par l'article 4, § 2, de la loi nouvelle comme le bénéficiaire de la restitution, c'est à lui seul que la signification et la sommation de comparaître doivent être notifiées.

Le tribunal compétent est celui qui a prononcé la déclaration et l'ordre de remboursement, ou, en cas de vente par notaire commis, celui qui a désigné cet officier public. La procédure a lieu devant la chambre du conseil, sans requêtes, ni écritures. Mais les plaidoiries y sont autorisées. La loi, ayant décidé d'une manière générale que l'opposition serait jugée comme en matière d'opposition à taxe, se réfère par conséquent à la procédure ordinaire et exclut implicitement les dispositions de l'article 65 de la loi du 22 frimaire an VII. L'Administration ne saurait donc revendiquer le bénéfice de l'instruction écrite ; elle doit se faire représenter par un avoué. Le tribunal en chambre du conseil statue souverainement. Aucune disposition sur le fond n'étant engagée par le débat, le jugement n'est pas susceptible d'appel. Le recours en cassation est seul admis (Décret du 16 février 1807, art. 6). De même que dans les autres instances civiles, ce recours en cassation n'est pas suspensif.

L'article 4 de la loi nouvelle porte que les procédures relatives à l'opposition auront lieu sans frais. Tous les actes seront donc dispensés du timbre, et enregistrés gratis quand il y aura lieu à l'enregistrement. Ils ne donneront lieu à aucun émolument de la part des agents de la loi. Par conséquent, aucune condamnation aux dépens ne saurait être prononcée contre celui qui succombe dans la procédure.

A raison de l'urgence, les receveurs n'auront pas à consulter le Directeur pour introduire l'opposition. Ils pourront également défendre sans autorisation quand la question ne présentera pas des difficultés particulières. Ils devront rendre compte au Directeur des résultats de la procédure. Les receveurs des actes judiciaires représenteront leurs collègues des autres cantons, lorsque l'opposition concernera un procès-verbal d'adjudication passé devant un notaire commis qui ne résiderait pas dans la ville où siège le tribunal.

23. *Restitution.* — *Justifications.* — S'il n'y a pas eu d'opposition, ou si l'opposition a été régulièrement vidée, l'ordre de remboursement peut recevoir son exécution. Mais certaines justifications doivent précéder la remise des deniers.

Il est nécessaire, d'abord, que l'avoué poursuivant dépose au receveur qui a enregistré le jugement ou le procès-verbal d'adjudication, un extrait de l'ordre de restitution. Cet extrait, délivré par le greffier ou par le notaire commis, doit contenir toutes les énonciations propres à justifier le remboursement, à savoir : la déclaration que le bénéfice de la loi est acquis à la vente, le montant de la somme à payer et l'injonction de rembourser. L'extrait est délivré sans frais sur papier non timbré et il est dispensé d'enregistrement. Le dépôt de l'extrait pouvant avoir lieu après l'enregistrement de la vente, c'est-à-dire quand le procès-verbal et les pièces annexées ont été rendus aux parties, il importe que, sans attendre la remise dont il s'agit, les comptables opèrent, lors de l'enregistrement du procès-verbal, les vérifications nécessaires, afin de constater la régularité de l'ordre de restitution, spécialement qu'ils s'assurent de la concordance des frais compris dans l'état taxé avec le montant de l'ordre de remboursement.

24. *Restitution.* — *Opposition.* — Il y a lieu ensuite de justifier au receveur qu'il n'a été formé aucune opposition de la part des intéressés ou que, s'il en a été signifié, elles sont devenues sans effet.

Lorsqu'il n'y a pas eu d'opposition, cette preuve résulte d'un certificat délivré par le greffier du tribunal qui a ordonné le remboursement ou commis le notaire. Lorsqu'une opposition a été levée par un jugement, il est produit un extrait constatant cette mainlevée. Enfin, en cas de désistement de l'opposition, le fait est également constaté par l'attestation du greffier. Tous ces certificats doivent être donnés sans frais et sur papier non timbré.

25. *Restitution.* — *Surenchère.* — D'après l'article 3, § 1er, de la loi du 23 octobre 1884, le bénéfice de la loi n'est acquis que quand le prix est devenu définitif par l'expiration du délai des surenchères de huitaine et de quinzaine prévues par les articles 708 et 965 du Code de procédure et 573 du Code de commerce (v. n° 10). Il est donc indispensable de justifier au receveur de l'accomplissement de cette condition. L'avoué poursuivant lui remettra, à cet effet, un certificat délivré également sans frais par le greffier du tribunal du lieu de la vente et constatant qu'à l'expiration des délais ci-dessus, aucune surenchère n'avait été formée.

26. *Délai de la restitution.* — Lorsque toutes les justifications précédentes ont été rapportées, le receveur chargé de l'enregistrement doit exécuter l'ordre de remboursement. L'article 4, § 2, énonce que la restitution doit avoir lieu dans les 23 jours de la vente. Mais, ainsi que le rapporteur de la loi l'a expliqué dans la séance de la Chambre des députés du 16 octobre 1884, cette date ne saurait être prise d'une manière absolue. La loi a parlé du cas le plus ordinaire où le jugement d'adjudication est présenté à l'enregistrement dans les 20 jours de sa date, et où, par conséquent, le délai d'opposition de trois jours constitue une période utile de 23 jours. Mais il peut arriver qu'en raison notamment de l'existence de jours fériés, le jugement ne soit présenté à l'enregistrement qu'après le 20ᵉ jour de sa date. Dans cette hypothèse, les trois jours accordés aux intéressés pour former opposition peuvent conduire au delà des 23 jours fixés par le texte de l'article 4. Ce n'est évidemment que quand le délai d'opposition est expiré, que le receveur peut être contraint d'opérer la restitution. Les explications du rapporteur ne laissent aucun doute sur ce point. Les énonciations de l'article 4, § 2, ne doivent être considérées que comme se référant *eo quod plerumque fit.*

27. *Paiement à l'avoué poursuivant.* — Le remboursement est effectué entre les mains de l'avoué poursuivant. S'il y en a plusieurs, c'est le plus diligent qui doit être préféré. La restitution ne peut pas être opérée partiellement entre chacun d'eux. En cas de décès ou de cession de l'office, l'avoué poursuivant est remplacé par son successeur ou par celui qui continue en son nom la procédure. Peu importe que le tribunal ait prononcé la distraction des dépens au profit d'un autre officier ministériel. Les termes de la loi sont précis et confient au poursuivant le soin de recevoir le remboursement.

28. *Décharge.* — L'avoué poursuivant donne au receveur une décharge qui n'a pas été exemptée du timbre, et comme elle n'a pas pour objet une restitution de droits perçus à la suite d'une erreur dont l'Administration doit la réparation, l'exigibilité du timbre est justifiée par les dispositions de la loi générale.

29. — *Emploi en dépense.* — *Remises.* — Les sommes remboursées seront immédiatement portées en dépense sous le titre : *Restitution de droits. Ventes judiciaires.* Mais elles ne seront pas déduites du montant des recettes passibles de la remise. Il sera fait mention de la restitution en marge de l'enregistrement du jugement ou du procès-verbal d'adjudication. Les pièces justificatives de chaque paiement (extrait de l'ordre de restitution, certificats du greffier, extrait du jugement de mainlevée des oppositions, décharge de l'avoué), seront envoyées chaque mois, avec l'inventaire des pièces de dépenses, au Directeur. Ce dernier délivrera dans le courant du mois de décembre de chaque année, pour chaque bureau, un mandat unique auquel sera annexé un état récapitulatif des remboursements opérés pendant l'année, ainsi que toutes les pièces justificatives des paiements partiels. Ces dispositions feront d'ailleurs l'objet d'instructions spéciales de la part du service de la Comptabilité publique.

30. *Prescription.* — Le projet de loi présenté par le Gouver-

nement, le 14 juillet 1878, renfermait une disposition portant que la demande en restitution devrait être faite dans les deux ans de l'enregistrement du procès-verbal d'adjudication. Cet article qui soumettait l'action du poursuivant à la prescription biennale, n'a pas été maintenu. Il y a donc lieu de faire à la créance du poursuivant l'application de la règle générale relative aux créances sur l'Etat et d'après laquelle le délai de la restitution est de cinq ans à partir de l'ouverture de l'exercice auquel appartient la restitution ordonnée. (L. 29 janvier 1831, art. 9.)

La loi du 23 octobre 1884 ne renferme aucune limitation de délai en ce qui concerne la restitution des droits perçus sur les actes de la procédure. Quoique la perception remonte à plus de deux ans au moment de l'adjudication, la prescription biennale établie par l'art. 61 de la la loi du 22 frimaire an VII ne saurait être invoquée : elle se trouve abrogée par les dispositions générales et absolues de l'article 3, § 1er, de la loi nouvelle.

31. *Effet limité de la loi.* — La dispense d'impôts accordée par voie de restitution aux actes de la procédure est spéciale à la poursuite de vente. Il est certain que ces actes ne sauraient être utilisés à d'autres fins et que, dans ce dernier cas, les droits redeviendraient exigibles. Telle serait notamment l'hypothèse où un cahier des charges, comprenant des lots retirés de la vente et d'autres lots vendus par un procès-verbal tombant sous l'application de la loi, servirait plus tard à la mise aux enchères des lots retirés de la première adjudication et serait suivi d'une vente dont le prix principal dépasserait 2,000 fr. Le droit restitué sur le cahier des charges deviendrait alors recouvrable. Il appartiendra au service de constater ces faits par les moyens dont il dispose et en d'assurer la répression.

32. *Employés supérieurs.* — Les employés supérieurs trouveront les états de frais annexés aux jugements ou aux procès-verbaux d'adjudication. Ils s'assureront qu'aucune somme n'a été restituée en dehors des cas prévus et ils rendront compte de leurs investigations dans leur rapport sur la gestion des comptables.

33. *Date de l'exécution de la loi.* — Les dispositions nouvelles ne sont applicables qu'aux ventes judiciaires d'immeubles dont la poursuite n'était pas commencée avant la promulgation de la loi.

34. *Statistique.* — Les directeurs feront connaître sommairement à l'Administration, dans l'état comparatif des produits de chaque année, après l'indication des causes générales des augmentations et des diminutions, comment la loi du 23 octobre 1884 a été exécutée, et à quel chiffre se sont élevées les restitutions effectuées pendant chaque exercice.

Le Directeur général de l'Enregistrement, des Domaines et du Timbre,

E. BOULANGER.

Paris. — Impr. Ch Schlaeber, 257, rue Saint-Honore

PARIS

IMPRIMERIE FRANÇAISE ET ANGLAISE DE CH. SCHLAEBER

257, Rue Saint-Honoré, 257

www.ingramcontent.com/pod-product-compliance
Ingram Content Group UK Ltd.
Pitfield, Milton Keynes, MK11 3LW, UK
UKHW032020260826
14628UKWH00006B/2620

9 782014 109467